释迦牟尼佛左侧文殊菩萨残像

正殿内景——释迦牟尼佛、普贤菩萨残像和西次间部分诸天像

东次间神台上的部分诸天像

大梵天像

大辩才天残像

持国天王半身像

日宫天子像

持国天王（左）与日宫天子（右）像头部特写

金刚密迹像头部特写

金刚密迹（左）与紫薇大帝（右）像

紫薇大帝半身像

摩醯首罗像头部特写

菩提树神像

伽毗天像

娑竭罗龙王像

娑竭罗龙王像头部特写

昭惠天像

增长天王（左）与昭惠天（右）像

昭惠天像头部特写

西次间神台上的部分诸天像

多闻天王像头部特写

月宫天子残像

韦驮天像

功德天半身像

韦驮天像头部特写

散脂大将（左）、鬼子母（中）与罗刹天（右）像

鬼子母半身像

罗刹天像头部特写

阎摩罗王半身像

散脂大将像

散脂大将像头部特写

广目天王半身像

崇宁天像

崇宁天像护腰局部特写

崇宁天像腿、脚部特写

崇宁天像头部特写

责任编辑：王嘉文　张　磊　唐念慈
文字编辑：谢晓天
装帧设计：杭州大视角文化传播有限公司
责任校对：王君美
责任印制：陈震宇
摄　　影：欧阳君　薛华克　梅　佳　张卫兵
撰　　稿：杨　平　谢　薇

图书在版编目（CIP）数据

高平铁佛寺彩塑 / 杨平主编. -- 杭州 : 浙江摄影出版社, 2024.1（2025.5重印）
（典藏中国. 中国古代彩塑精粹）
ISBN 978-7-5514-4625-9

Ⅰ. ①高… Ⅱ. ①杨… Ⅲ. ①寺庙－彩塑－高平－画册 Ⅳ. ①K879.32

中国国家版本馆CIP数据核字(2023)第145890号

南山書畫

典藏中国·中国古代彩塑精粹
GAOPING TIEFO SI CAISU

高平铁佛寺彩塑

杨平　主编

全国百佳图书出版单位
浙江摄影出版社出版发行
地址：杭州市环城北路177号
邮编：310005
电话：0571-85151082
网址：www.photo.zjcb.com
制版：杭州大视角文化传播有限公司
印刷：杭州佳园彩色印刷有限公司
开本：787mm × 1092mm 1/8
印张：6
2024年1月第1版　2025年5月第3次印刷
ISBN 978-7-5514-4625-9
定价：68.00元